AF189459

Impressum
Verlag: BABADADA GmbH, Nedderfeld 112 , 22529 Hamburg
Geschäftsführer / Verlagsleitung: Harald Hof
Druck: Books on Demand GmbH, In de Tarpen 42, 22848 Norderstedt

Imprint
Publisher: BABADADA GmbH, Nedderfeld 112 , 22529 Hamburg, Germany
Managing Director / Publishing direction: Harald Hof
Print: Books on Demand GmbH, In de Tarpen 42, 22848 Norderstedt

sală de clasă
klaslokaal

a împărți
delen

186/2

tablă
bord

curte a școlii
speelplaats

profesor
leerkracht

hârtie
papier

a scrie
schrijven

instrument de scris
pen

masă de birou
birou

riglă
liniaal

carte
boek

elev
leerling

ghiozdan
....
schooltas

penar
....
pennenzak

creion
....
potlood

ascuțitoare
....
puntenslijper

radieră
....
gom

bloc de desen
....
tekenblok

desen
tekening

pensulă
verfborstel

cutie de acuarele
verfdoos

foarfece
schaar

lipici
lijm

caiet de exerciții
werkboek

temă
huiswerk

număr
nummer

a aduna
optellen

a scădea
aftrekken

a multiplica
vermenigvuldigen

a calcula
rekenen

literă
letter

alfabet
alfabet

cuvânt
woord

text

tekst

a citi

Lezen

cretă

krijt

oră

les

catalog

klassenboek

examen

examen

certificat

certificaat

uniformă școlară

schooluniform

educație

onderwijs

enciclopedie

encyclopedie

universitate

universiteit

microscop

microscoop

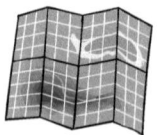

hartă

kaart

coș de gunoi

papiermand

călătorie
reis

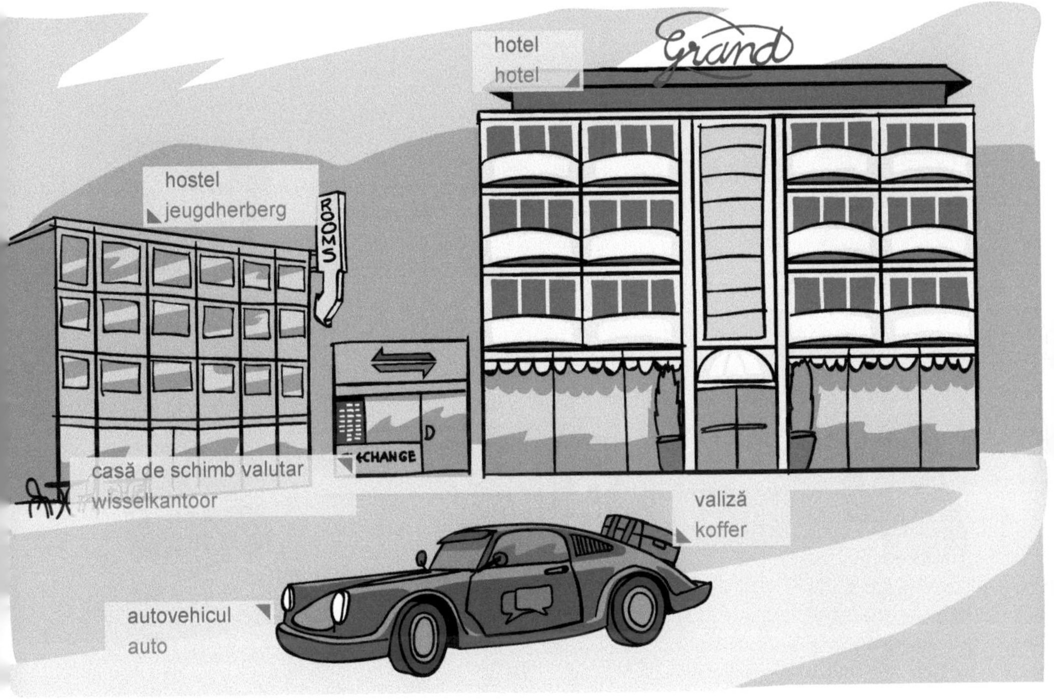

hotel
hotel
Grand
hostel
jeugdherberg
ROOMS
CHANGE
casă de schimb valutar
wisselkantoor
valiză
koffer
autovehicul
auto

limbă

Taal

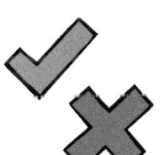

da/nu

ja / nee

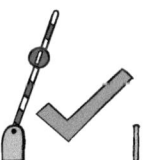

okay

oké

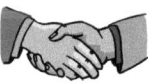

Bună!

hallo

interpret

vertaler

mulțumesc

bedankt

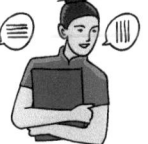

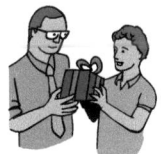

Cât costă...?

Hoeveel kost ...?

Nu înțeleg

Ik begrijp het niet

problemă

probleem

Bună seara!

Goedenavond!

Bună dimineața!

Goedemorgen!

Noapte bună!

Goedenavond!

la revedere

Tot ziens

direcție

richting

bagaj

bagage

geantă

zak

rucsac

rugzak

oaspete

gast

cameră

kamer

sac de dormit

slaapzak

cort

tent

punct de informare turistică

toeristeninformatie

plajă

strand

carte de credit

kredietkaart

mic dejun

ontbijt

masa de prânz

lunch

cină

avondeten

bilet de călătorie

ticket

lift

lift

timbru poştal

postzegel

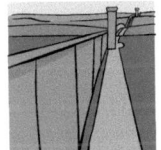

graniţă

grens

vamă

douane

ambasadă

ambassade

viză

visum

paşaport

paspoort

transport

transport

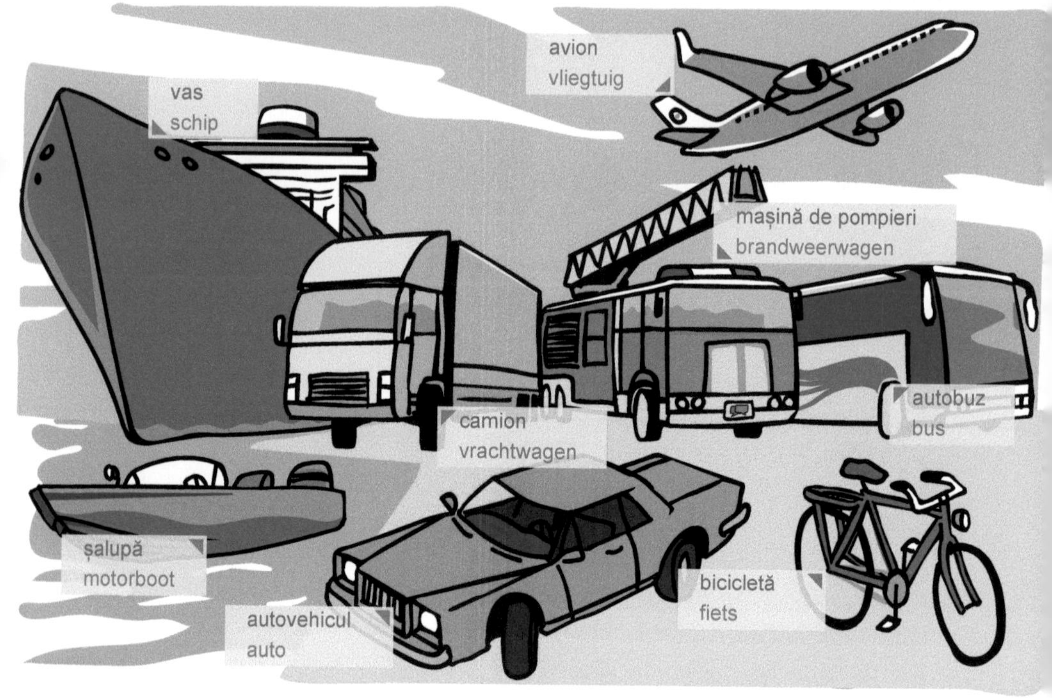

avion
vliegtuig
vas
schip
mașină de pompieri
brandweerwagen
autobuz
bus
camion
vrachtwagen
șalupă
motorboot
bicicletă
fiets
autovehicul
auto

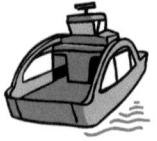

feribot

veerboot

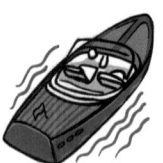

barcă

boot

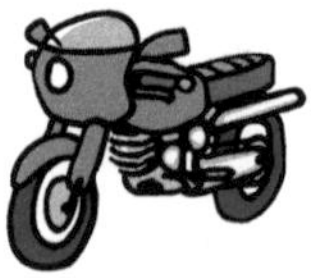

motocicletă

motor

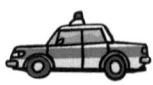

mașină de poliție

politiewagen

mașină de curse

racewagen

mașină închiriată

huurauto

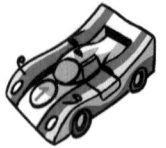

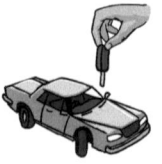

car sharing

carpoolen

mașină de tractat

sleepwagen

mașină de gunoi

vuilniswagen

motor

motor

combustibil

benzine

benzinărie

benzinestation

semn de circulație

verkeersbord

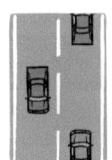

trafic

verkeer

ambuteiaj

file

parcare

parkeerplaats

gară

station

șine

sporen

tren

trein

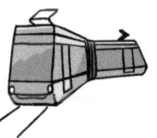

tramvai

tram

vagon

wagon

elicopter

helikopter

aeroport

luchthaven

turn

toren

pasager

passagier

container

container

carton

karton

căruță

kar

coş

mand

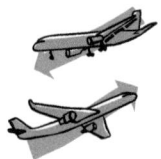

a decola/a ateriza

opstijgen / landen

oraş
stad

sat

dorp

centru

stadscentrum

casă

huis

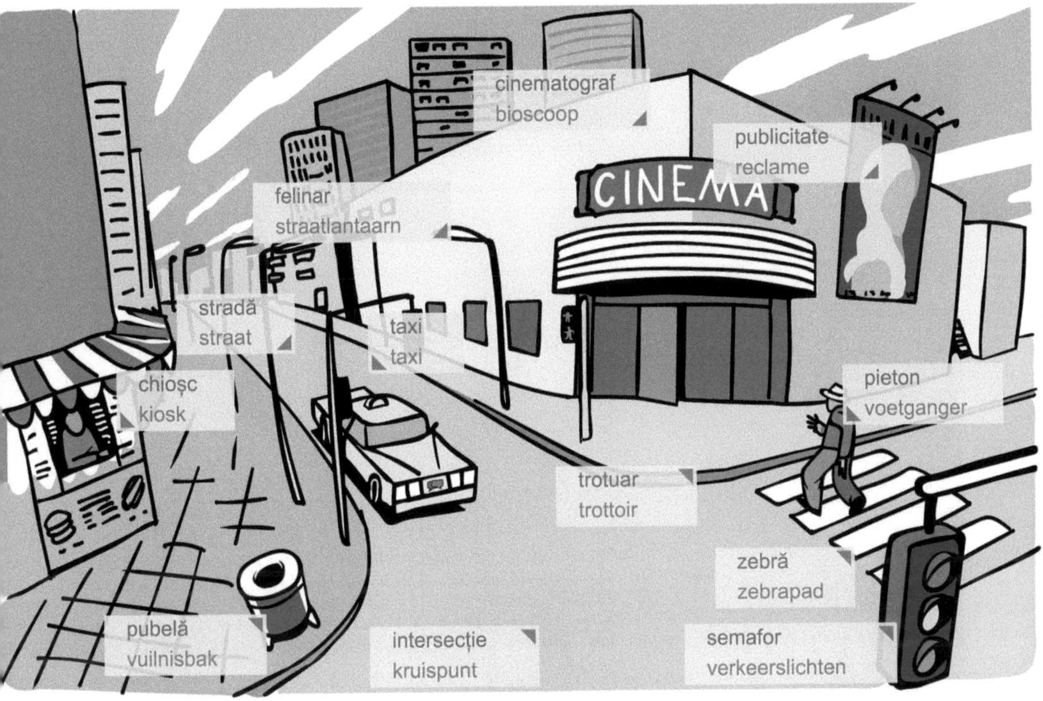

cinematograf
bioscoop

publicitate
reclame

felinar
straatlantaarn

stradă
straat

taxi
taxi

pieton
voetganger

chioşc
kiosk

trotuar
trottoir

zebră
zebrapad

pubelă
vuilnisbak

intersecţie
kruispunt

semafor
verkeerslichten

CINEMA

cabană
·················
hut

apartament
·················
woning

gară
·················
station

primărie
·················
stadshuis

muzeu
·················
museum

şcoală
·················
school

universitate

universiteit

bancă

bank

spital

ziekenhuis

hotel

hotel

farmacie

apotheek

birou

kantoor

librărie

boekwinkel

magazin

winkel

florărie

bloemenwinkel

supermarket

supermarkt

piață

markt

magazin universal

warenhuis

comerciant de pește

vishandelaar

centru comercial

winkelcentrum

port

haven

parc

park

bancă

bank

pod

brug

trepte

trap

metrou

metro

tunel

tunnel

stație de autobuz

bushalte

bar

bar

restaurant

restaurant

cutie poștală

brievenbus

tăbliță indicatoare cu
numele străzii

straatnaambord

parcometru

parkeermeter

grădină zoologică

zoo

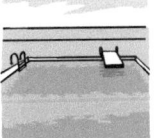

piscină

zwembad

moschee

moskee

gospodărie țărănească

boerderij

poluare

milieuverontreiniging

cimitir

kerkhof

biserică

kerk

loc de joacă

speelplaats

templu

tempel

peisaj

landschap

frunză
blad

indicator
wegwijzer

drum
weg

pajiște
weide

piatră
steen

copac
boom

drumeț
wandelaar

râu
rivier

iarbă
gras

floare
bloem

vale

vallei

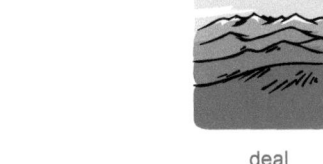

deal

heuvel

lac

meer

pădure

bos

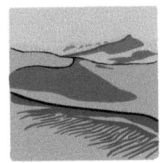

deşert

woestijn

vulcan

vulkaan

castel

kasteel

curcubeu

regenboog

ciupercă

paddenstoel

palmier

palmboom

ţânţar

mug

muscă

vlieg

furnică

mier

albină

bijl

păianjen

spin

peisaj - landschap

gândac

kever

broască

kikker

veveriță

eekhoorn

arici

egel

iepure

haas

bufniță

uil

pasăre

vogel

lebădă

zwaan

porc mistreț

wild zwijn

cerb

hert

elan

eland

dig

dam

turbină eoliană

windturbine

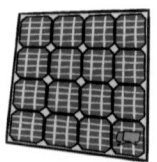

panou solar

zonnepaneel

climă

klimaat

peisaj - landschap

restaurant
restaurant

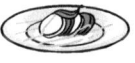

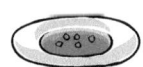

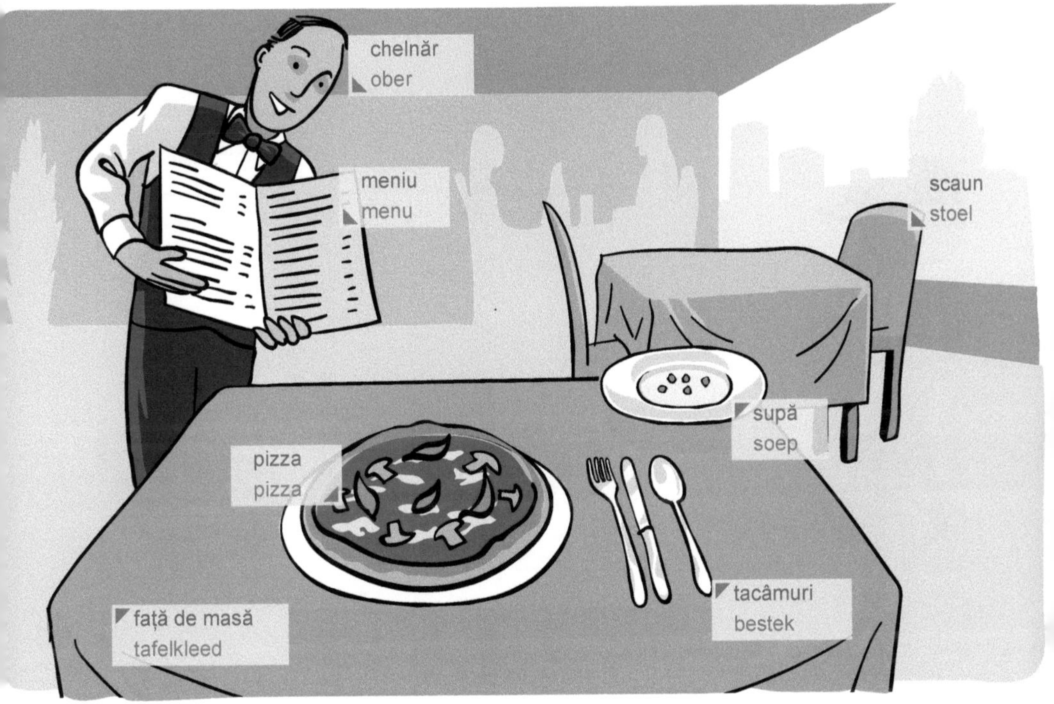
chelnăr
ober
meniu
menu
scaun
stoel
supă
soep
pizza
pizza
tacâmuri
bestek
față de masă
tafelkleed

antreu

voorgerecht

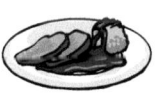

fel principal

hoofdgerecht

desert

nagerecht

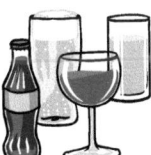

băuturi

drankjes

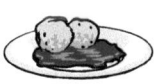

mâncare

eten

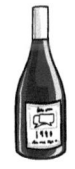

sticlă

fles

fastfood

fastfood

streetfood

street food

ceainic

theepot

zaharniță

suikerpot

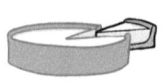

porție

portie

espressor

espressomachine

scaun înalt (pentru copii)

kinderstoel

factură

rekening

tavă

dienblad

cuțit

mes

furculiță

vork

lingură

lepel

linguriță

theelepel

șervețel

serviette

pahar

glas

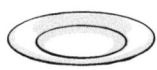

farfurie

bord

farfurie de supă

soepbord

farfurie

schoteltje

sos

saus

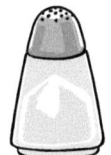

solniță

zoutvatje

râșniță de piper

pepermolen

oțet

azijn

ulei

olie

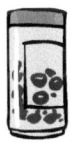

condimente

kruiden

ketchup

ketchup

muștar

mosterd

maioneză

mayonaise

supermarket
supermarkt

ofertă
aanbieding
client
klant
FOR
produse lactate
zuivelproducten
fructe
fruit
cărucior de cumpărături
winkelwagen

BUTCHERS

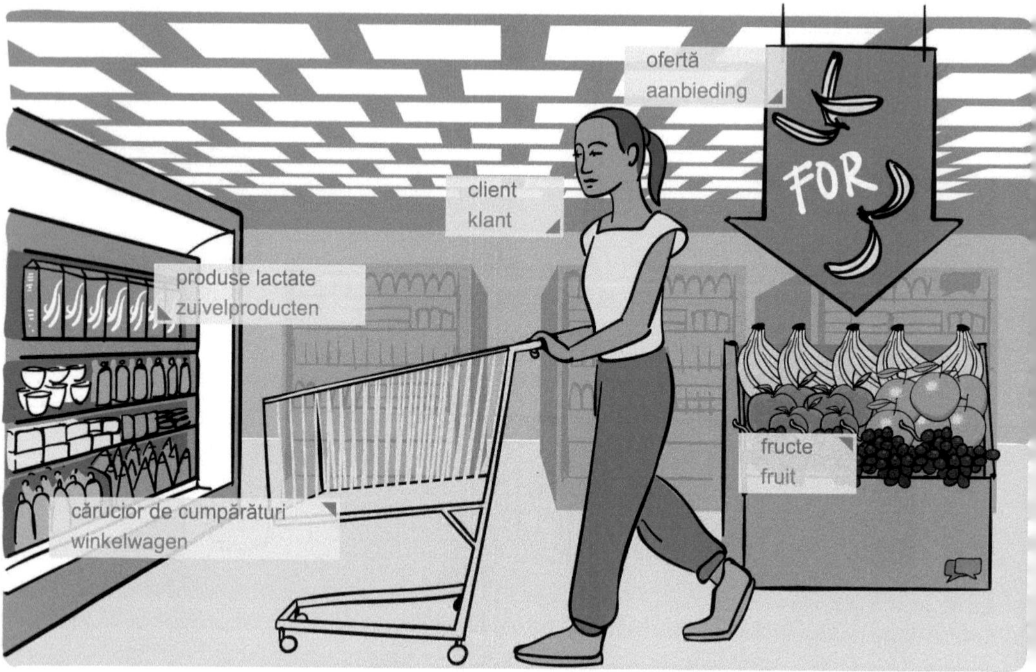

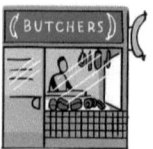

măcelărie

slagerij

BAKERY

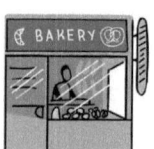

brutărie

bakkerij

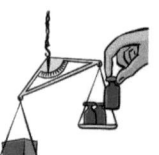

a cântări

wegen

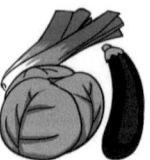

legume

groenten

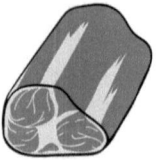

carne

vlees

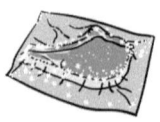

alimente refrigerate

diepvriesvoedsel

mezeluri și brânzeturi feliate
....
charcuterie

conserve
....
conserven

detergent
....
waspoeder

dulciuri
....
snoep

articole de menaj
....
huishoudproducten

produse de curățenie
....
schoonmaakproducten

vânzătoare
....
verkoopster

casă
....
kassa

casier
....
kassier

listă de cumpărături
....
boodschappenlijstje

orar
....
openingstijden

portmoneu
....
portefeuille

carte de credit
....
kredietkaart

geantă
....
tas

pungă de plastic
....
plastieken zakje

apă

water

suc

sap

lapte

melk

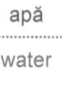

cola

cola

vin

wijn

bere

bier

alcool

alcohol

cacao

cacao

ceai

thee

cafea

koffie

espresso

espresso

cappucino

cappuccino

banane

banaan

măr

appel

portocală

sinaasappel

pepene

meloen

lămâie

citroen

morcov

wortel

usturoi

knoflook

bambus

bamboe

ceapă

ajuin

ciupercă

champignon

nuci

noten

paste făinoase

noodles

spagheti

spaghetti

orez

rijst

salată

salade

cartofi prăjiți

frieten

cartofi țărănești

gebakken aardappelen

pizza

pizza

hamburger

hamburger

sandwich

sandwich

șnițel

kalfslapje

șuncă

ham

salam

salami

cârnați

worst

pui

kip

friptură

braden

pește

vis

fulgi de ovăz

havervlokken

musli

muesli

cereale

cornflakes

făină

bloem

corn

croissant

chifle

pistolet

pâine

brood

pâine prăjită

toast

biscuiți

koekjes

unt

boter

brânză de vaci

kwark

prăjitură

taart

ou

ei

ouă ochiuri

spiegelei

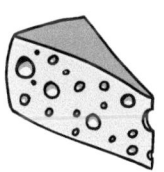

brânză

kaas

mâncare - eten

înghețată

ijs

zahăr

suiker

miere

honing

marmeladă

confituur

cremă nuga

choco

curry

curry

mâncare - eten

gospodărie țărănească
boerderij

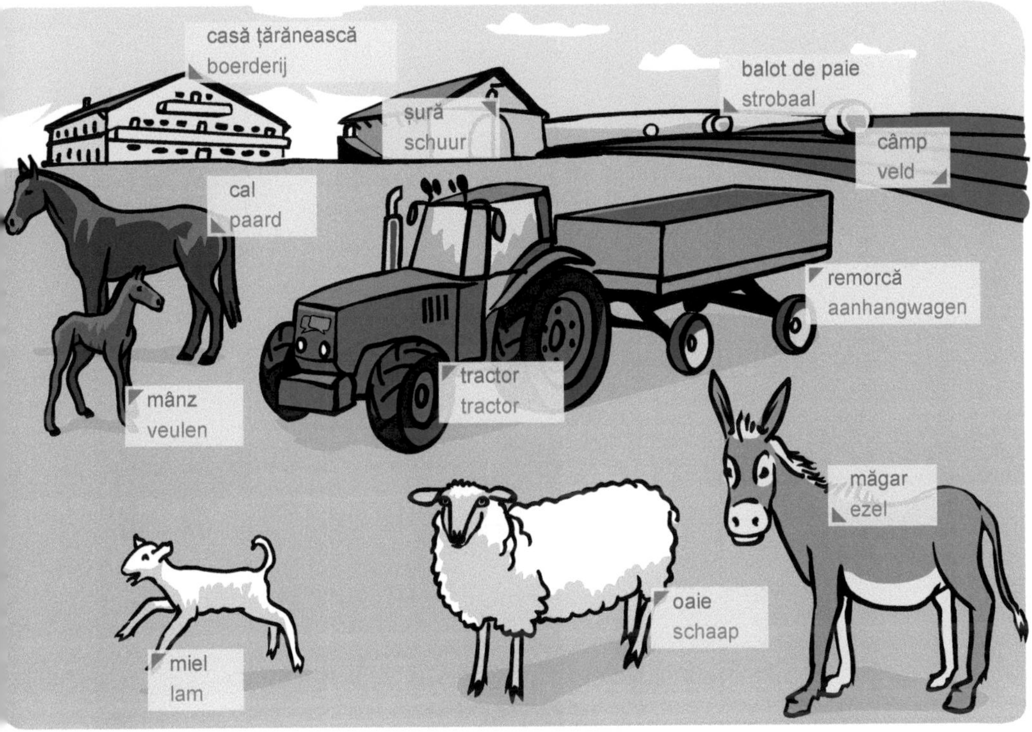
casă țărănească
boerderij
șură
schuur
balot de paie
strobaal
câmp
veld
cal
paard
remorcă
aanhangwagen
tractor
tractor
mânz
veulen
măgar
ezel
oaie
schaap
miel
lam

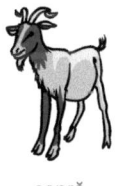

capră
geit

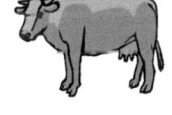

vacă
koe

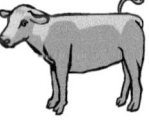

vițel
kalf

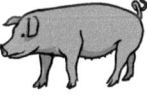

porc
varken

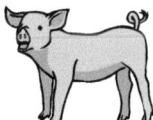

purcel
biggetje

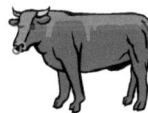

taur
stier

găină
gans

rață
eend

pui
kuiken

găină
kip

cocoș
haan

șobolan
rat

pisică
kat

șoarece
muis

bou
os

câine
hond

cușcă
hondenhok

furtun de grădină
tuinslang

stropitoare
gieter

coasă
zeis

plug
ploeg

seceră

sikkel

sapă

schoffel

furcă

hooivork

secure

bijl

roabă

kruiwagen

troacă

trog

cană pentru lapte

melkkan

sac

zak

gard

hek

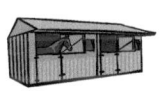

grajd

stal

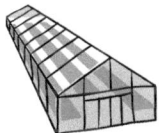

seră

broeikas

sol

bodem

sămânță

zaad

fertilizator

mest

combină de treierat

maaidorser

a culege
....
oogsten

recoltă
....
oogst

cartof yam
....
yam

grâu
....
tarwe

soia
....
soja

cartof
....
aardappel

porumb
....
maïs

rapiță
....
koolzaad

pom fructifer
....
fruitboom

manioc
....
maniok

cereale
....
graan

casă
huis

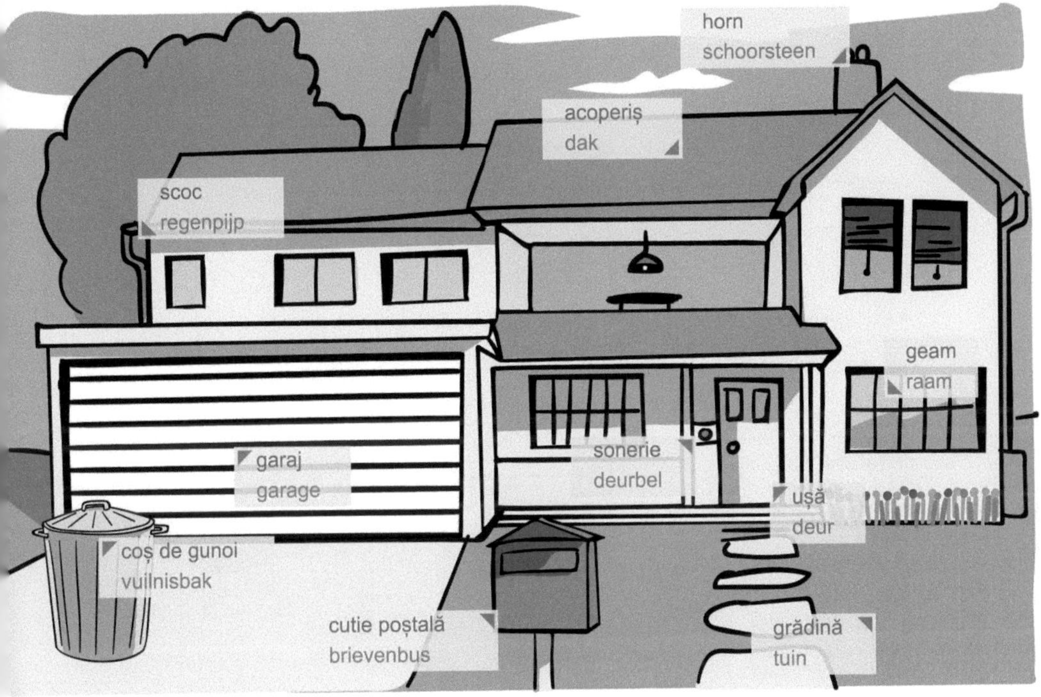
horn
schoorsteen
acoperiș
dak
scoc
regenpijp
geam
raam
garaj
garage
sonerie
deurbel
ușă
deur
coș de gunoi
vuilnisbak
cutie poștală
brievenbus
grădină
tuin

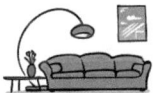

camera de zi

woonkamer

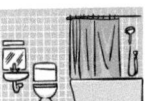

baie

badkamer

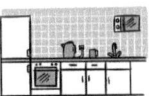

bucătărie

keuken

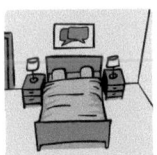

dormitor

slaapkamer

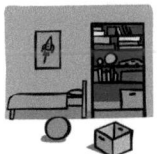

camera copiilor

kinderkamer

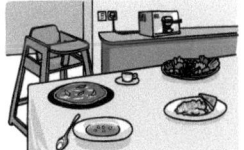

sufragerie

eetkamer

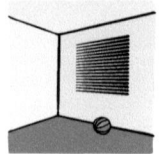

podea

vloer

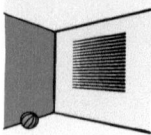

perete

muur

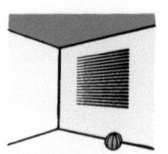

tavan

plafond

pivniță

kelder

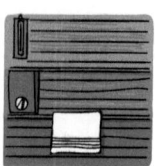

saună

sauna

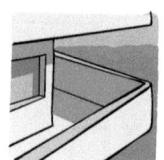

balcon

balkon

terasă

terras

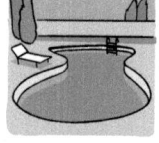

piscină

zwembad

mașină de tuns iarba

grasmaaier

cearșaf

dekbedovertrek

cuvertură

dekbed

pat

bed

mătură

bezem

găleată

emmer

întrerupător

schakelaar

casă - huis

cameră de zi

woonkamer

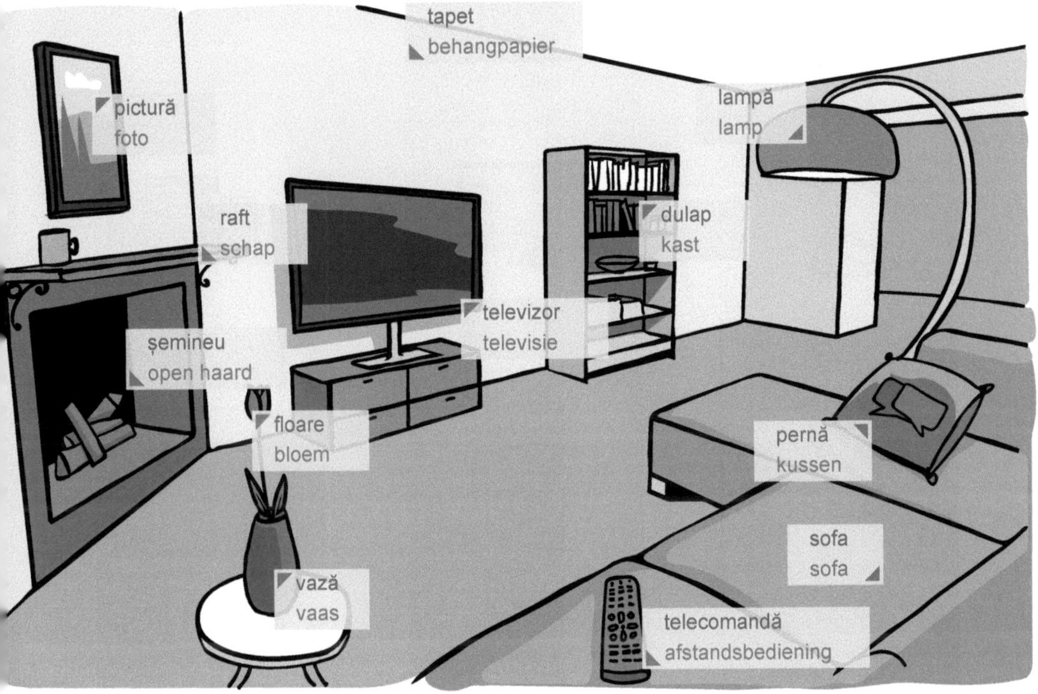

tapet
behangpapier
pictură
foto
lampă
lamp
raft
schap
dulap
kast
televizor
televisie
șemineu
open haard
floare
bloem
pernă
kussen
sofa
sofa
vază
vaas
telecomandă
afstandsbediening

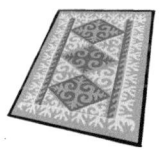

covor

mat

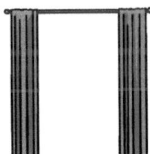

perdea

gordijn

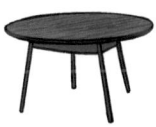

masă

tafel

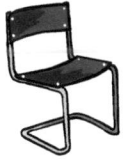

scaun

stoel

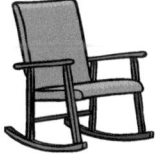

balansoar

schommelstoel

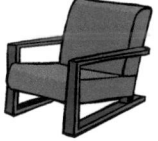

fotoliu

fauteuil

carte

boek

pătură

deken

decoraţiune

decoratie

lemn de foc

brandhout

film

film

instalaţie stereo

stereo-installatie

cheie

sleutel

ziar

krant

desen

schilderij

poster

poster

radio

radio

caiet de notiţe

notitieboekje

aspirator

stofzuiger

cactus

cactus

lumânare

kaars

bucătărie
keuken

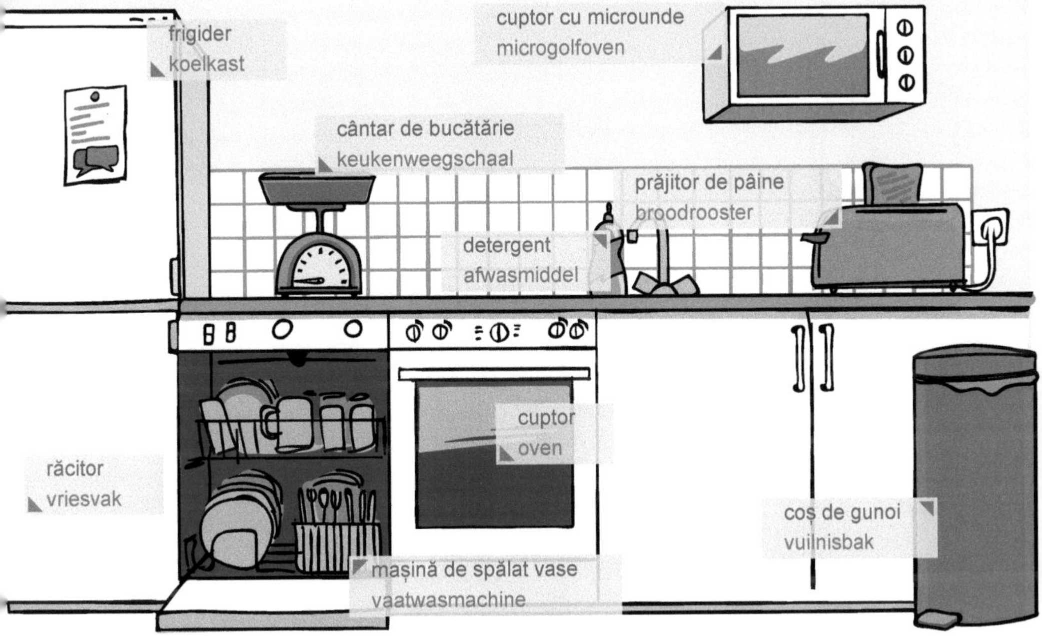

frigider
koelkast
cuptor cu microunde
microgolfoven
cântar de bucătărie
keukenweegschaal
prăjitor de pâine
broodrooster
detergent
afwasmiddel
cuptor
oven
răcitor
vriesvak
coș de gunoi
vuilnisbak
mașină de spălat vase
vaatwasmachine

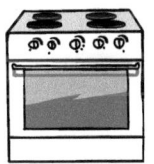

cuptor

fornuis

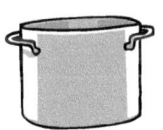

oală

pot

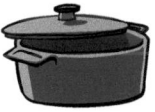

oală de metal

gietijzeren pot

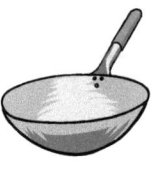

wok/kadai

wok / kadai

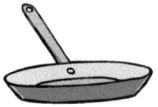

tigaie

pan

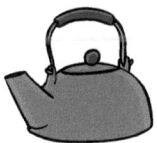

ceainic

waterkoker

oală de gătit cu aburi

stoomkoker

tavă de copt

bakplaat

veselă

servies

pahar

mok

bol

kom

bețișoare

eetstokjes

polonic

pollepel

spatulă

spatel

tel

garde

sită

vergiet

sită

zeef

răzătoare

rasp

mojar

mortier

grătar

barbecue

loc pentru grătar

haardvuur

tocător

snijplank

sucitor

deegrol

tirbușon

kurkentrekker

conservă

blik

deschizător de conserve

blikopener

șervete termice

pannenlap

chiuvetă

gootsteen

perie

borstel

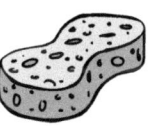

burete

spons

mixer

blender

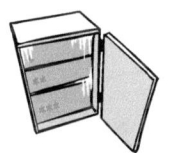

ladă frigorifică

vriezer

biberon

papfles

robinet

kraan

baie
badkamer

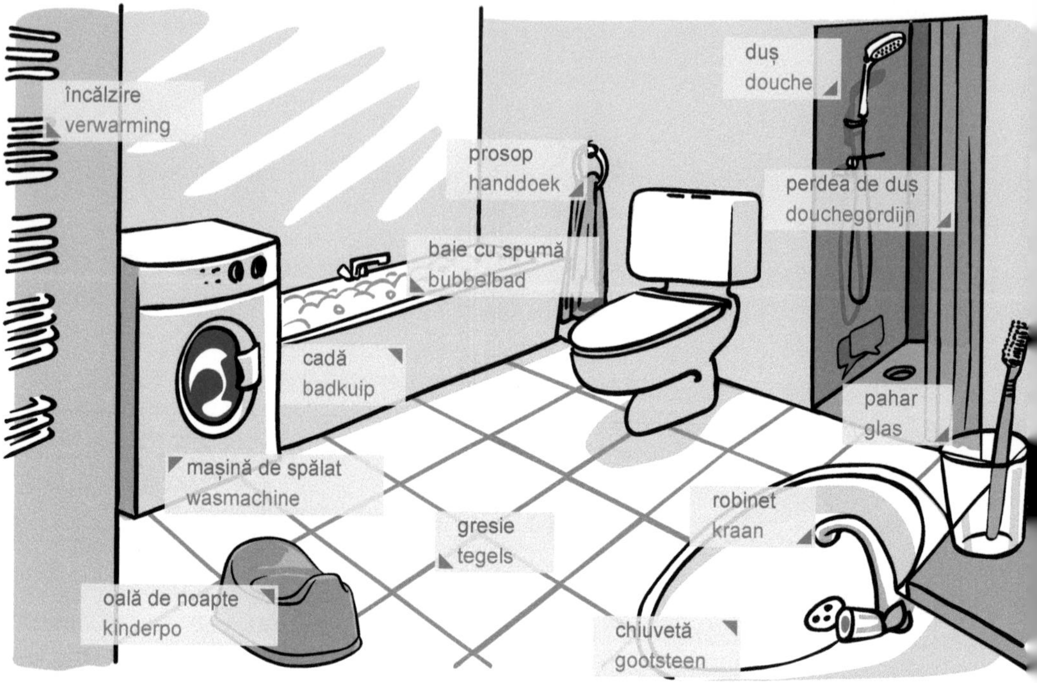

încălzire
verwarming
duș
douche
prosop
handdoek
perdea de duș
douchegordijn
baie cu spumă
bubbelbad
cadă
badkuip
pahar
glas
mașină de spălat
wasmachine
robinet
kraan
gresie
tegels
oală de noapte
kinderpo
chiuvetă
gootsteen

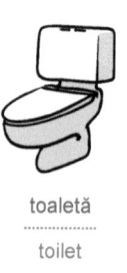

toaletă

toilet

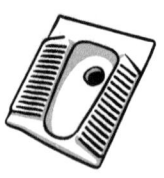

toaletă turcescă

hurktoilet

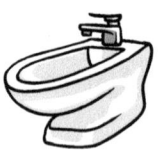

bideu

bidet

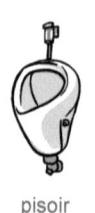

pisoir

urinoir

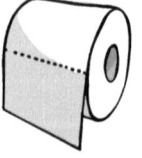

hârtie igienică

toiletpapier

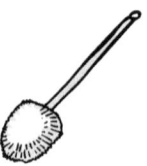

perie de toaletă

toiletborstel

periuță de dinți

tandenborstel

pastă de dinți

tandpasta

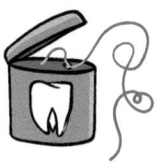

ață dentară

flosdraad

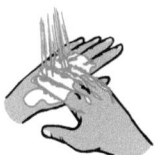

a spăla

wassen

cap de duș

handdouche

duș intim

bidethanddouche

lavoar

waskom

perie pentru spate

rugborstel

săpun

zeep

gel de duș

douchegel

șampon

shampoo

cârpă de spălat

washandje

scurgere

afvoer

cremă

crème

deodorant

deodorant

oglindă

spiegel

oglindă cosmetică

handspiegel

aparat de ras

scheermes

spumă de ras

scheerschuim

aftershave

aftershave

pieptene

kam

perie

borstel

uscător de păr

haardroger

fixator

haarlak

machiaj

make-up

ruj

lippenstift

lac de unghii

nagellak

vată

watten

foarfece de unghii

nagelknipper

parfum

parfum

neseser

toilettas

taburet

kruk

cântar

weegschaal

halat de baie

badjas

mănuși de cauciuc

latex handschoenen

tampon

tampon

tampon

maandverband

toaletă chimică

chemisch toilet

camera copiilor
kinderkamer

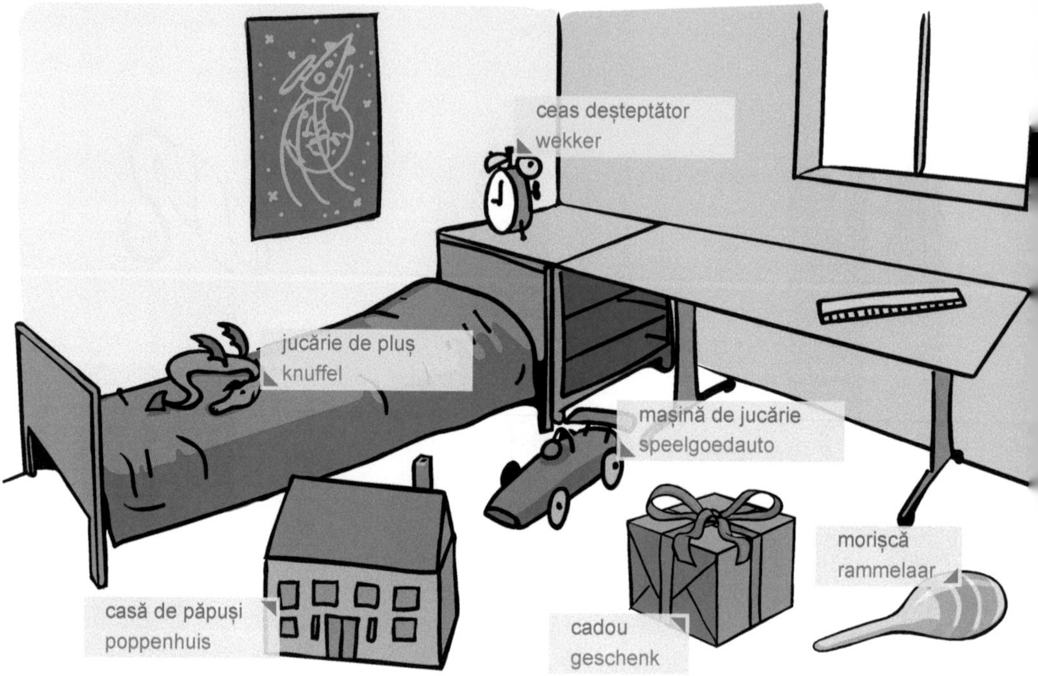

ceas deșteptător
wekker
jucărie de pluș
knuffel
mașină de jucărie
speelgoedauto
morișcă
rammelaar
casă de păpuși
poppenhuis
cadou
geschenk

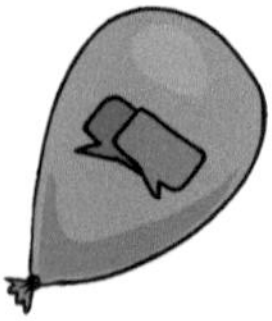

balon

ballon

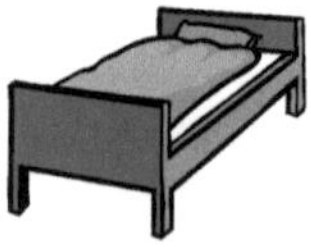

pat

bed

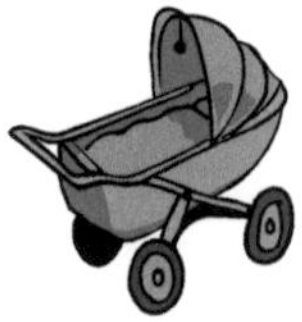

cărucior de copii

kinderwagen

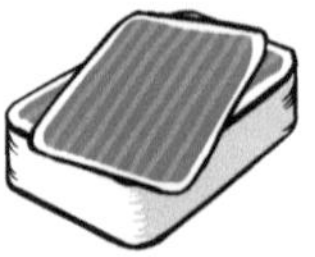

joc de cărți

spel kaarten

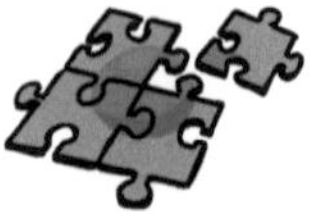

puzzle

puzzel

SUPER MEGA

revistă de benzi desenate

stripboek

cuburi lego

legoblokjes

piese pentru construcții

blokken

personaj din filmele de acțiune

actiefiguur

body

kruippakje

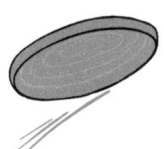

frisbee

frisbee

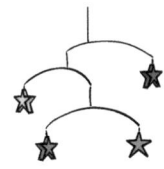

mobil

mobiel

joc de societate

bordspel

zar

dobbelsteen

set trenuleț de jucărie

modelspoorweg

suzetă

fopspeen

petrecere

feest

carte cu poze

prentenboek

minge

bal

păpușă

pop

a se juca

spelen

groapă de nisip

zandbak

leagăn

schommel

jucării

speelgoed

consolă video

spelconsole

tricicletă

driewieler

ursuleț

knuffelbeer

dulap

kleerkast

îmbrăcăminte
kleding

șosete

sokken

ciorapi

kousen

dres

maillot

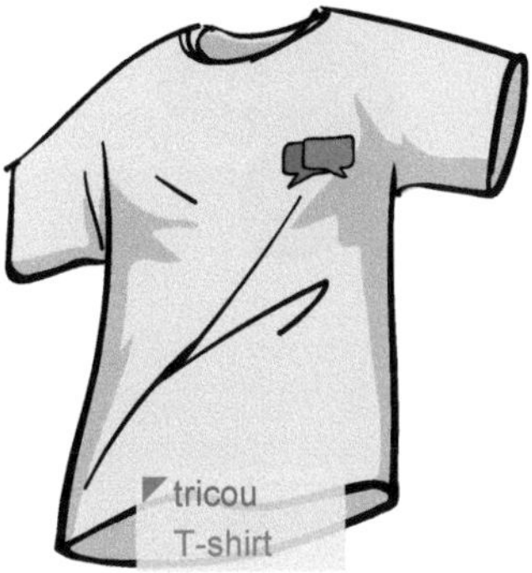

șal
sjaal

curea
riem

umbrelă
paraplu

tricou
T-shirt

pantofi sport
sneakers

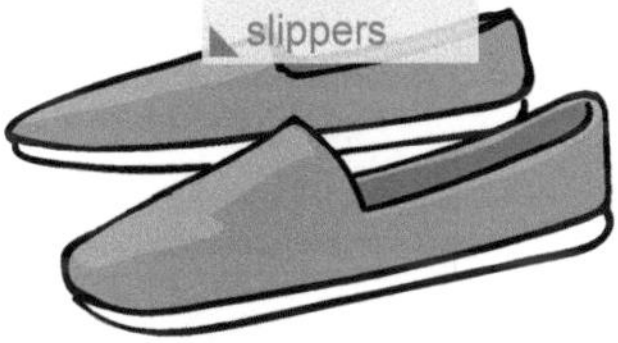

cizme
laarzen

papuci
slippers

sandale
....
sandalen

încălțăminte
....
schoenen

cizme de cauciuc
....
rubberlaarzen

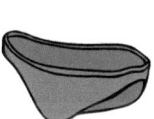

chilot
....
onderbroek

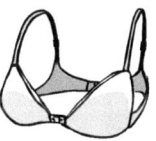

sutien
....
beha

maiou
....
onderhemd

îmbrăcăminte - kleding

body
lichaam

pantaloni
broek

blugi
jeans

fustă
rok

bluză
blouse

cămașă
hemd

pulover
trui

jerseu
capuchontrui

sacou
blazer

jachetă
jas

palton
jas

pelerină de ploaie
regenjas

costum
kostuum

rochie
jurk

rochie de mireasă
trouwjurk

îmbrăcăminte - kleding

costum

pak

cămașă de noapte

nachthemd

pijama

pyjama

sari

sari

batic

hoofddoek

turban

tulband

burka

boerka

caftan

kaftan

abaya

abaya

costum de baie

badpak

șort

zwembroek

pantaloni scurți

short

trening

trainingspak

șorț

schort

mănuși

handschoenen

nasture

knoop

ochelari

bril

brățară

armband

lanț

ketting

inel

ring

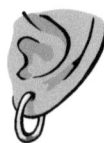

cercel

oorbel

căciulă

pet

umeraș

kapstok

pălărie

hoed

cravată

das

fermoar

rits

cască

helm

bretele

bretellen

uniformă școlară

schooluniform

uniformă

uniform

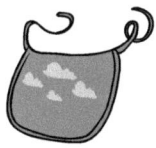

bavețică

slabbetje

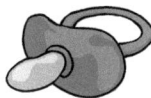

suzetă

fopspeen

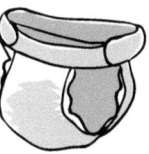

scutec

luier

birou

kantoor

server
server
dulap de acte
dossierkast
imprimantă
printer
hârtie
papier
monitor
monitor
mouse
muis
masă de birou
bureau
fișier
map
tastatură
toestenbord
scaun
stoel
coș de gunoi
papiermand
computer
computer

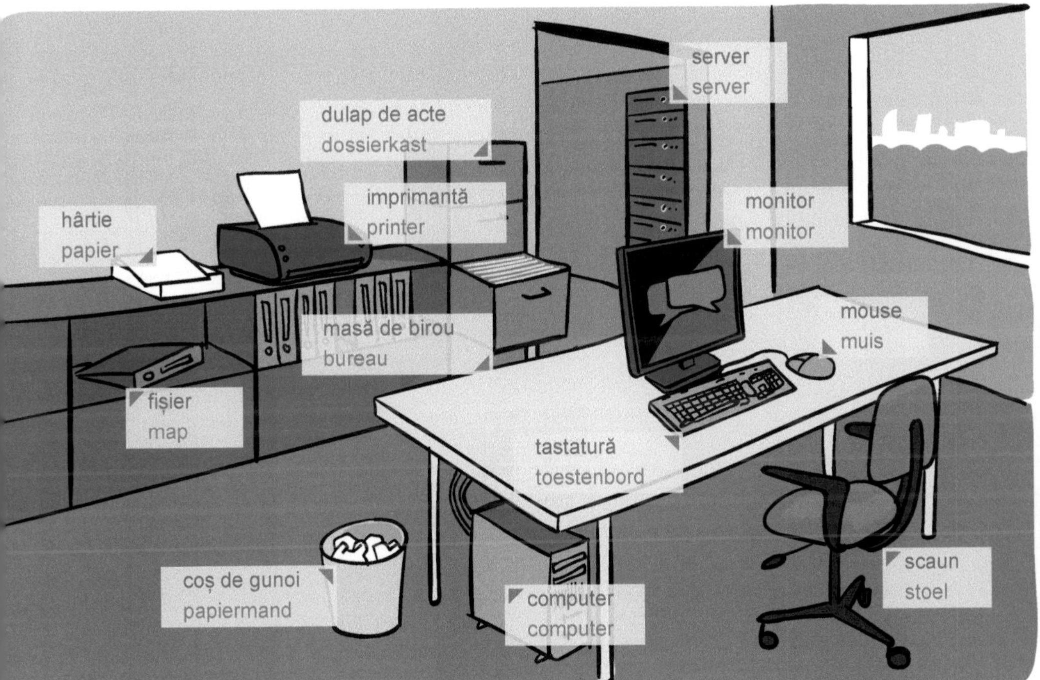

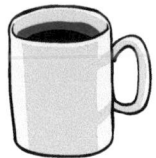

ceașcă de cafea

koffiemok

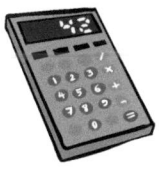

calculator

rekenmachine

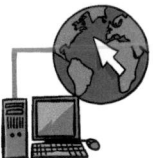

internet

internet

laptop
laptop

scrisoare
brief

mesaj
bericht

telefon mobil
gsm

rețea
netwerk

copiator
kopieerapparaat

software
software

telefon
telefoon

priză
stopcontact

fax
fax

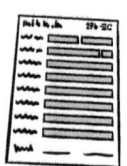

formular
formulier

document
document

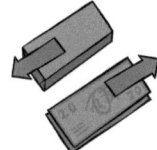

a cumpăra

kopen

a plăti

betalen

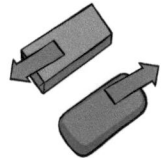

a face comerț

handelen

bani

geld

USD

Dolar

dollar

EUR

Euro

euro

JPY

Yen

yen

RUB

Rublă

roebel

CHF

Franc Elvețian

Zwitserse frank

CNY

renminbi yuan

Chinese renminbi

INR

Rupie

roepie

bancomat

geldautomaat

casă de schimb valutar

wisselkantoor

aur

goud

argint

zilver

petrol

olie

energie

energie

preţ

prijs

contract

contract

impozit

belasting

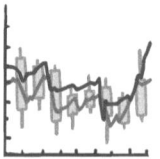

acţiune

aandeel

a munci

werken

angajat

werknemer

angajator

werkgever

fabrică

fabriek

magazin

winkel

polițist
politieagent

pompier
brandweerman

pilot
piloot

bucătar
kok

medic
dokter

grădinar

tuinman

tâmplar

timmerman

cusătoreasă

naaister

judecător

rechter

chimist

chemicus

actor

acteur

șofer de autobuz

buschauffeur

șofer de taxi

taxichauffeur

pescar

visser

femeie de serviciu

schoonmaakster

tinichigiu

dakdekker

chelnăr

ober

vânător

jager

pictor

schilder

brutar

bakker

electrician

elektricien

muncitor în construcții

bouwvakker

inginer

ingenieur

măcelar

slager

instalator

loodgieter

poștaș

postbode

soldat

soldaat

arhitect

architect

casier

kassier

florar

bloemist

frizer

kapper

controlor

conducteur

mecanic

mecanicien

căpitan

kapitein

stomatolog

tandarts

om de știință

wetenschapper

rabin

rabbijn

imam

imam

călugăr

monnik

preot

geestelijke

instrumente
werktuigen

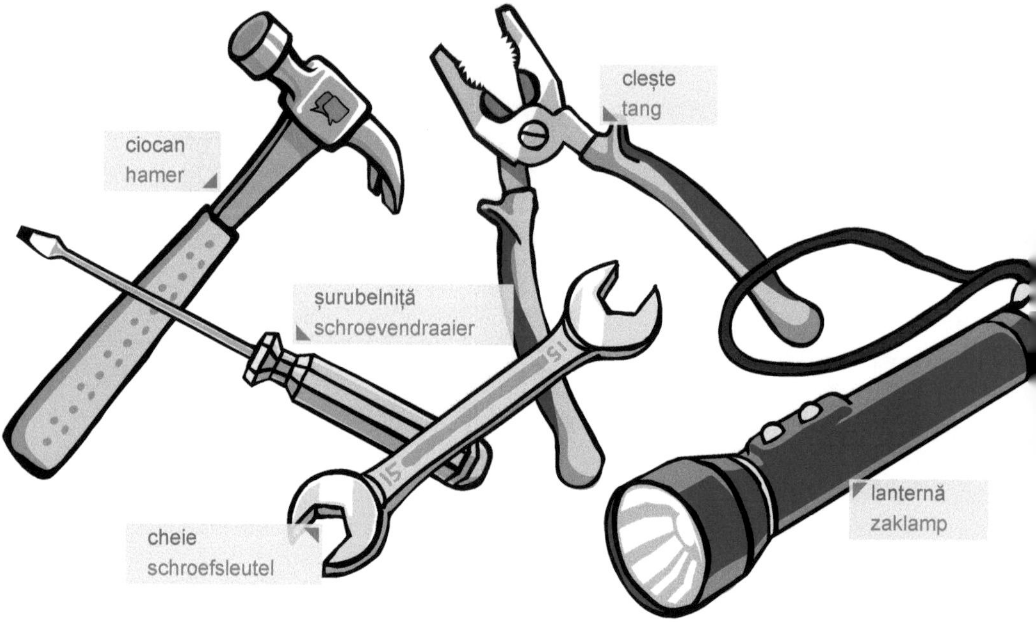

clește
tang
ciocan
hamer
șurubelniță
schroevendraaier
lanternă
zaklamp
cheie
schroefsleutel

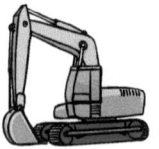

excavator

graafmachine

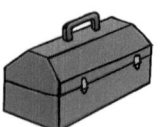

cutie de scule

gereedschapskoffer

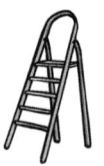

scară

ladder

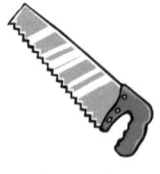

ferăstrău

zaag

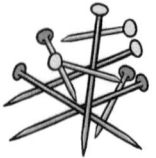

cuie

spijkers

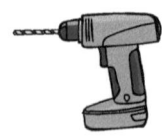

burghiu

boormachine

a repara

repareren

lopată

schop

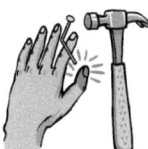

La naiba!

Verdomme!

făraș

blik

vas pentru vopsea

verfpot

șuruburi

schroeven

instrumente muzicale

muziekinstrumenten

difuzor
luidspreker

set tobe
drumstel

chitară
gitaar

contrabas
contrabas

trompetă
trompet

pian
piano

vioară
viool

bas
basgitaar

trombon
pauk

tobă
trommels

keyboard
keyboard

saxofon
saxofoon

fluier
fluit

microfon
microfoon

grădină zoologică

zoo

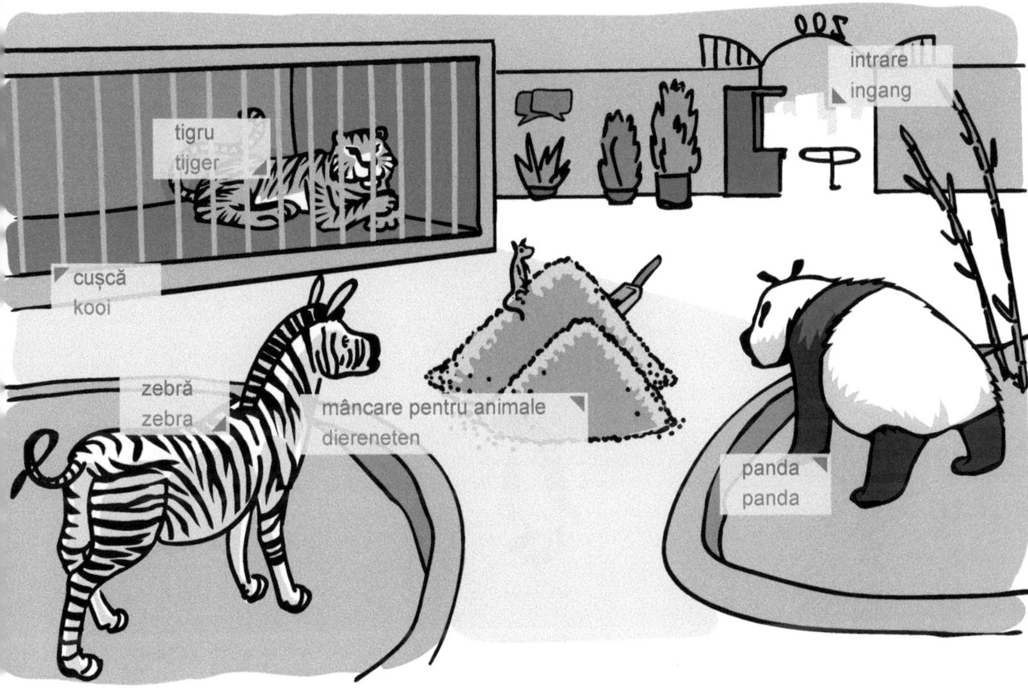
tigru
tijger
intrare
ingang
cușcă
kooi
zebră
zebra
mâncare pentru animale
diereneten
panda
panda

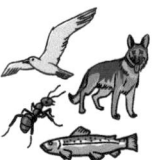

animale
dieren

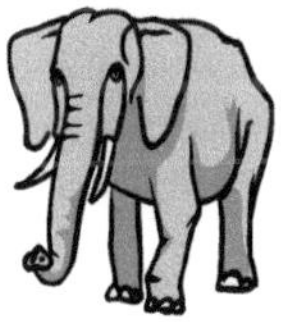

elefant
olifant

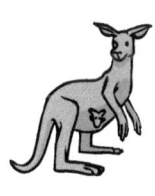

cangur
kangoeroe

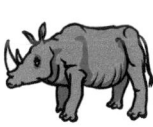

rinocer
neushoorn

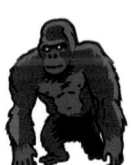

gorilă
gorilla

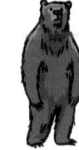

urs
beer

cămilă

kameel

struț

struisvogel

leu

leeuw

maimuță

aap

flamingo

flamingo

papagal

papegaai

urs polar

ijsbeer

pinguin

pinguïn

rechin

haai

păun

pauw

șarpe

slang

crocodil

krokodil

îngrijitor grădina zoologică

dierenverzorger

focă

zeehond

jaguar

jaguar

grădină zoologică - zoo

ponei

pony

leopard

luipaard

hipopotam

nijlpaard

girafă

giraffe

acvilă

adelaar

porc mistreț

wild zwijn

pește

vis

broască țestoasă

zeeschildpad

morsă

walrus

vulpe

vos

gazelă

gazelle

sport
sporten

fotbal american
rugby

ciclism
wielrennen

tenis
tennis

basketball
basketbal

înot
zwemmen

box
boksen

hockey pe gheață
ijshockey

fotbal
voetbal

badminton
badminton

atletism
atletiek

handbal
handbal

schi
skiën

polo
polo

sport - sporten

a râde
lachen

a sări
springen

a îmbrățișa
knuffelen

a merge
wandelen

a cânta
zingen

a visa
dromen

a se ruga
bidden

a săruta
kussen

a scrie	a desena	a arăta
schrijven	tekenen	tonen

a împinge	a da	a lua
duwen	geven	nemen

a avea

hebben

a face

doen

a fi

zijn

a sta în picioare

staan

a fugi

lopen

a trage

trekken

a arunca

gooien

a cădea

vallen

a sta întins

liggen

a aștepta

wachten

a purta

dragen

a ședea

zitten

a se îmbrăca

aankleden

a dormi

slapen

a se trezi

ontwaken

a privi

kijken naar

a plânge

wenen

a mângâia

aaien

a se pieptăna

kammen

a vorbi

praten

a înţelege

begrijpen

a întreba

vragen

a asculta

luisteren

a bea

drinken

a mânca

eten

a face ordine

opruimen

a iubi

houden van

a găti

koken

a conduce

rijden

a zbura

vliegen

a naviga

zeilen

a calcula

rekenen

a citi

Lezen

a învăța

leren

a munci

werken

a se căsători

trouwen

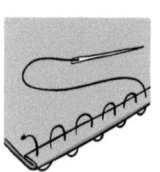

a coase

naaien

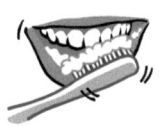

a se spăla pe dinți

tandenpoetsen

a ucide

doden

a fuma

roken

a trimite

sturen

familie

familie

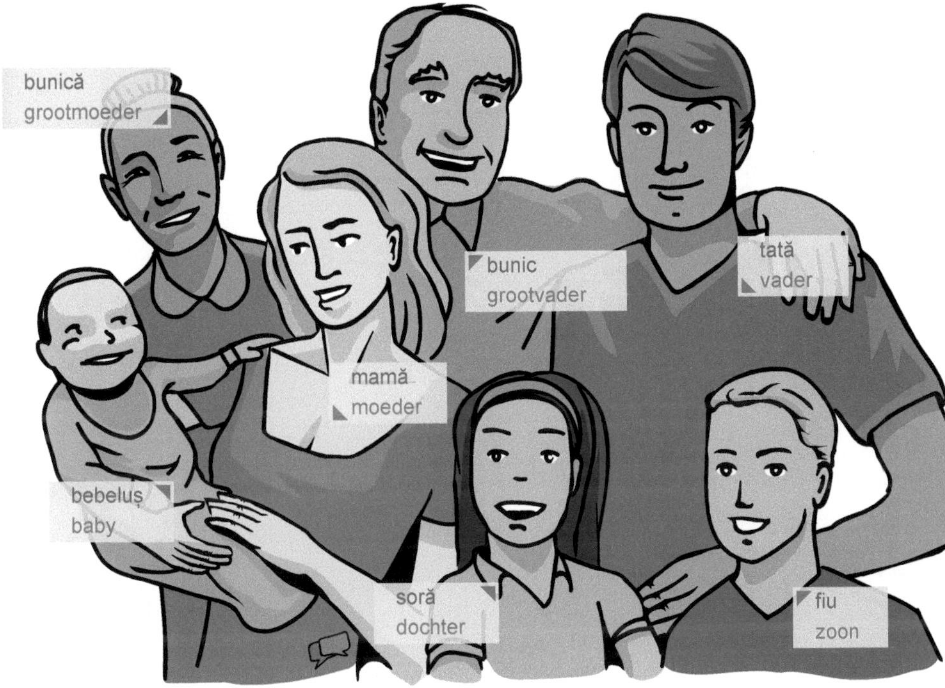
bunică
grootmoeder
bunic
grootvader
tată
vader
mamă
moeder
bebeluș
baby
soră
dochter
fiu
zoon

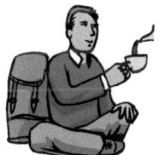

oaspete

gast

mătușă

tante

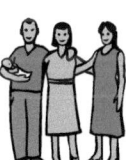

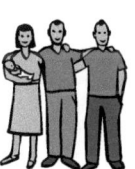

unchi

oom

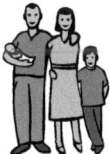

frate

broer

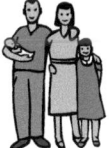

soră

zus

corp

lichaam

frunte
voorhoofd
ochi
oog
umăr
schouder
deget
vinger
față
gezicht
bărbie
kin
mână
hand
piept
borst
picior
been
braț
arm

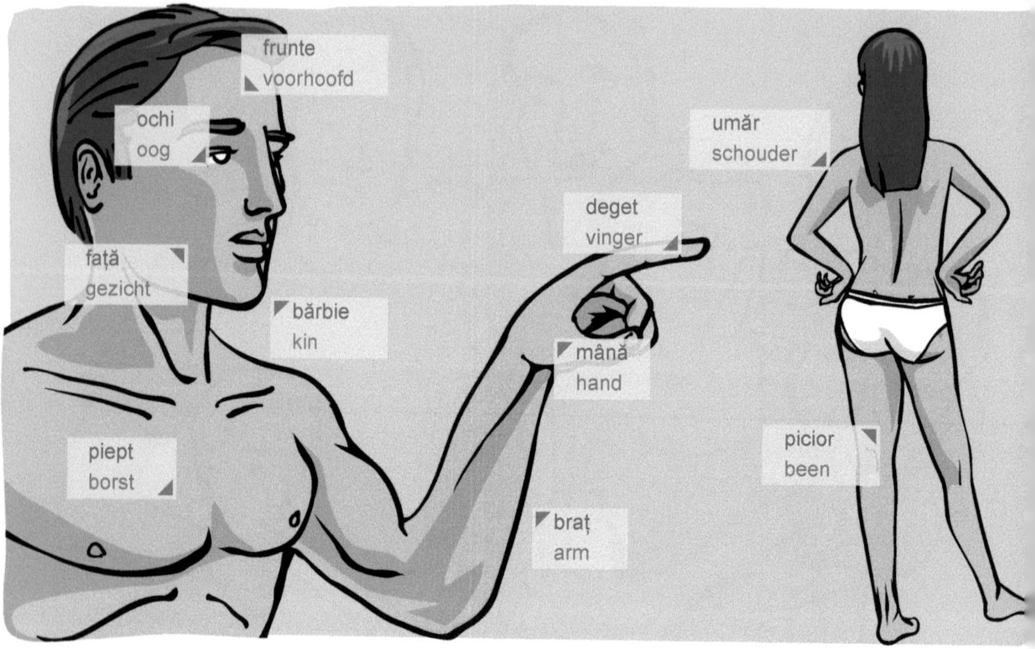

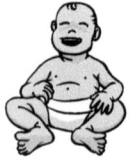

bebeluș

baby

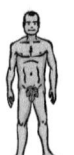

bărbat

man

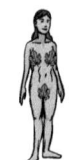

femeie

vrouw

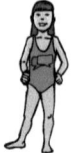

fată

meisje

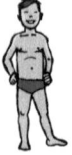

băiat

jongen

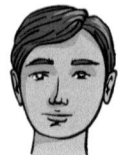

cap

hoofd

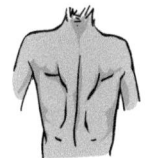

spate
rug

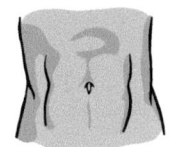

abdomen
buik

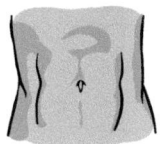

ombilic
navel

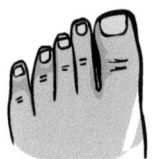

deget de la picior
teen

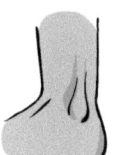

călcâi
hiel

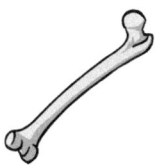

os
bot

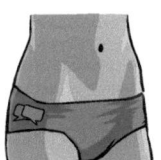

șold
heup

genunchi
knie

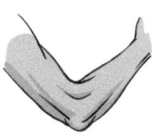

cot
elleboog

nas
neus

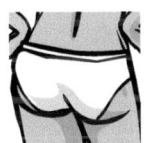

fund
zitvlak

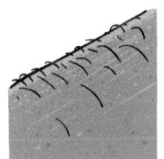

piele
huid

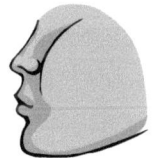

obraz
wang

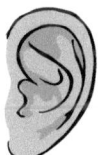

ureche
oor

buză
lip

gură
....
mond

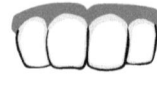

dinte
....
tand

limbă
....
tong

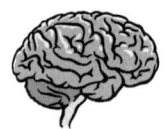

creier
....
hersenen

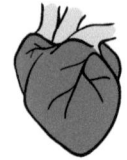

inimă
....
hart

mușchi
....
spier

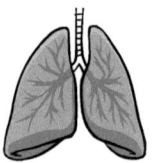

plămân
....
long

ficat
....
lever

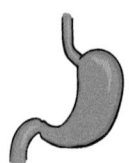

stomac
....
maag

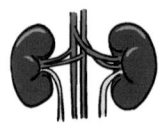

rinichi
....
nieren

sex
....
seks

prezervativ
....
condoom

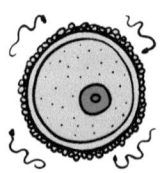

ovul
....
eicel

spermă
....
sperma

sarcină
....
zwangerschap

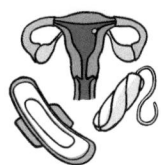

menstruaţie

menstruatie

vagin

vagina

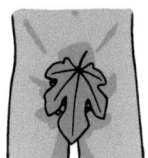

penis

penis

sprânceană

wenkbrauw

păr

haar

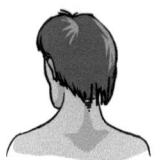

gât

nek

spital
ziekenhuis

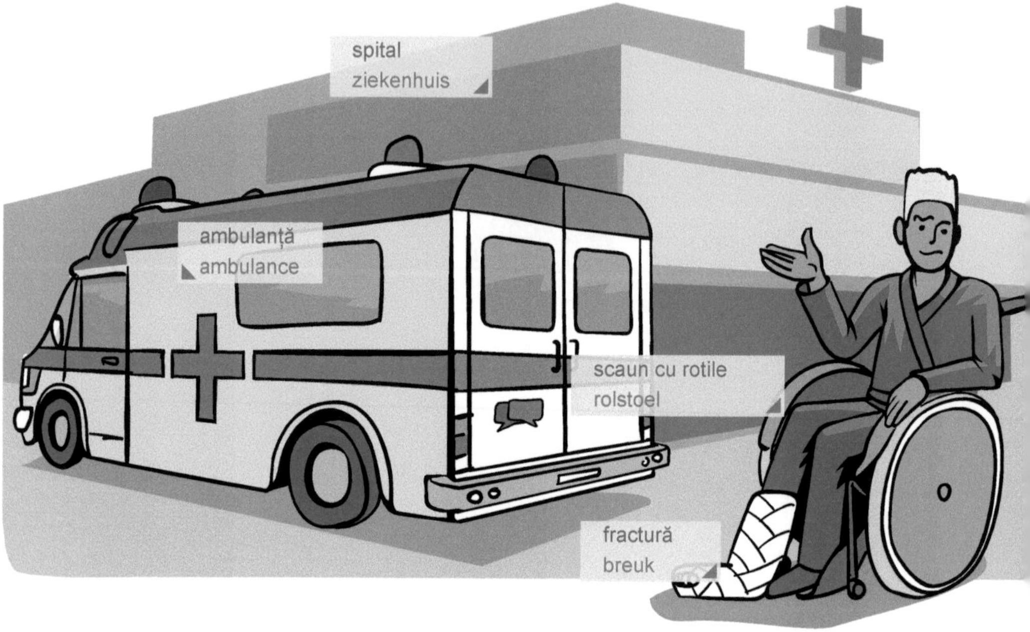

spital
ziekenhuis
ambulanță
ambulance
scaun cu rotile
rolstoel
fractură
breuk

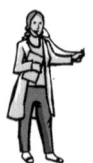

medic
dokter

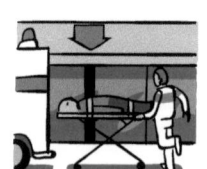

unitate de primiri urgențe
spoed

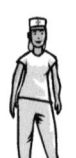

soră medicală
verpleegkundige

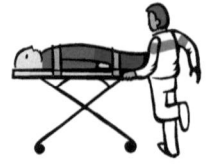

urgență
noodgeval

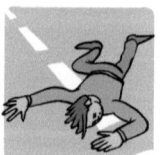

inconștient
bewusteloos

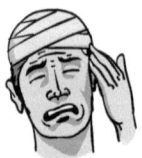

durere
pijn

leziune

verwonding

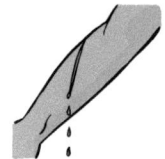

sângerare

bloeding

infarct miocardic

hartaanval

atac cerebral

beroerte

alergie

allergie

tuse

hoest

febră

koorts

gripă

griep

diaree

diarree

durere de cap

hoofdpijn

cancer

kanker

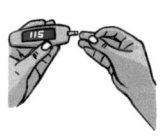

diabet

diabetes

chirurg

chirurg

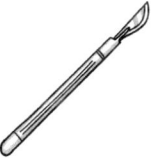

scalpel

scalpel

operație

operatie

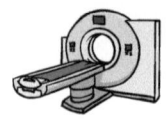

CT
CT

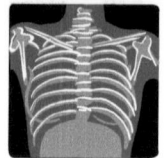

raze Röntgen
röntgenstraal

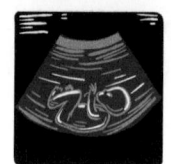

ultrasunet
ultrageluid

mască
gezichtsmasker

boală
ziekte

sală de așteptare
wachtkamer

cârjă
kruk

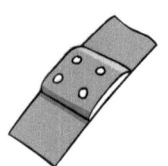

plasture
pleister

bandaj
verband

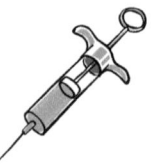

injecție
injectie

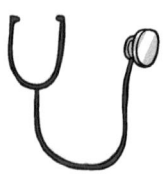

stetoscop
stethoscoop

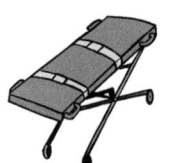

targă
brancard

termometru
thermometer

naștere
geboorte

supraponderabilitate
overgewicht

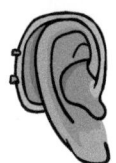

aparat auditiv

hoorapparaat

dezinfectant

ontsmettingsmiddel

infecţie

infectie

virus

virus

HIV/SIDA

HIV / AIDS

medicină

medicijn

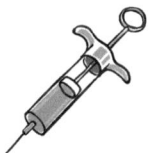

vaccin

vaccinatie

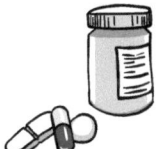

tablete

tabletten

pastilă

pil

apel de urgenţă

noodoproep

aparat de măsurare a
presiunii arteriale

bloeddrukmeter

bolnav/sănătos

ziek / gezond

Ajutor!

Help!

alarmă

alarm

agresiune

overval

atac

aanval

pericol

gevaar

ieşire de urgenţă

nooduitgang

Foc!

Brand!

extinctor

brandblusser

accident

ongeval

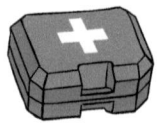

trusă de prim-ajutor

EHBO-kit

SOS

SOS

poliţie

politie

Europa

Europa

America de Nord

Noord-Amerika

America de Sud

Zuid-Amerika

Africa

Afrika

Asia

Azië

Australia

Australië

Altantic

Atlantische Oceaan

Pacific

Stille Oceaan

Oceanul Indian

Indische Oceaan

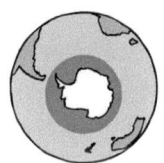

Oceanul Antarctic

Antarctische Oceaan

Oceanul Arctic

Arctische Oceaan

Polul Nord

Noordpool

Polul Sud

Zuidpool

Antarctica

Antarctica

pământ

aarde

țară

land

mare

zee

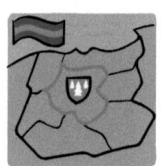

insulă

eiland

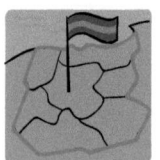

națiune

natie

stat

staat

cadran

wijzerplaat

orar

uurwijzer

minutar

minuutwijzer

secundar

secondewijzer

Cât e ceasul?

Hoe laat is het?

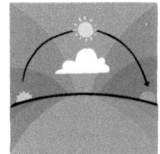

zi

dag

timp

tijd

acum

nu

cead digital

digitale horloge

minut

minuut

oră

uur

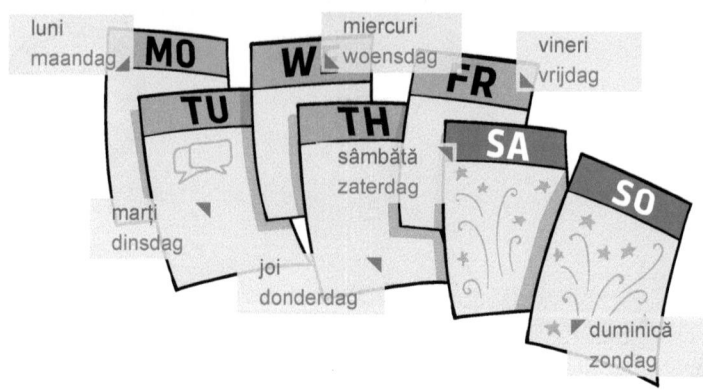

luni
maandag

miercuri
woensdag

vineri
vrijdag

marţi
dinsdag

sâmbătă
zaterdag

joi
donderdag

duminică
zondag

ieri
....
gisteren

azi
....
vandaag

mâine
....
morgen

dimineaţă
....
ochtend

amiază
....
middag

seară
....
avond

zile lucrătoare
....
werkdagen

week-end
....
weekend

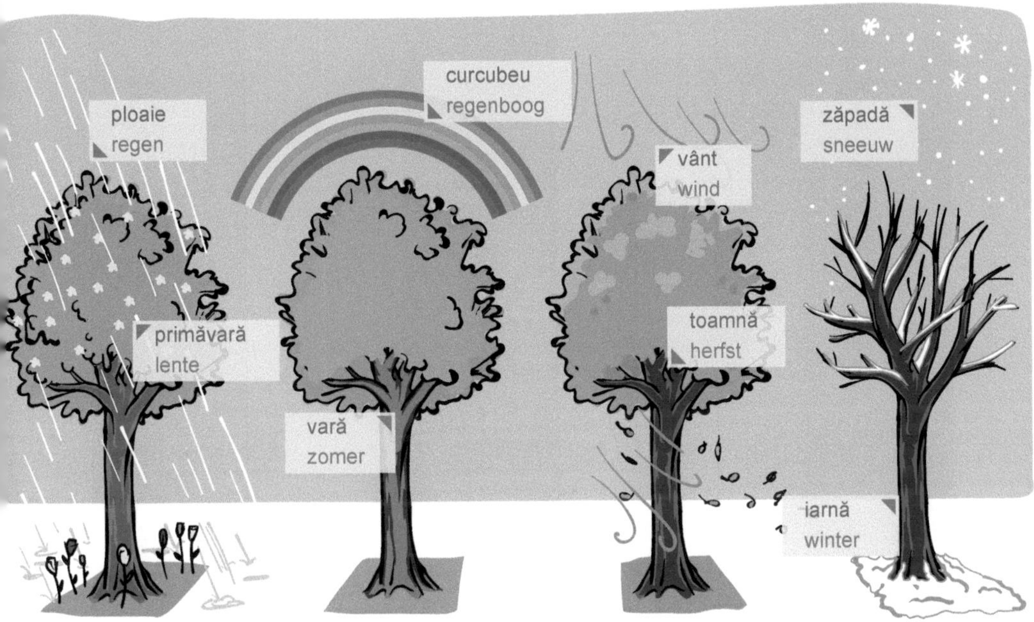

ploaie
regen

curcubeu
regenboog

vânt
wind

zăpadă
sneeuw

primăvară
lente

toamnă
herfst

vară
zomer

iarnă
winter

4.APRIL	11°	☀
5.APRIL	4°	☁
6.APRIL	13°	🌧
7.APRIL	8°	☀
8.APRIL	10°	☀

prognoză meteo
....
weervoorspelling

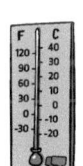

termometru
....
thermometer

lumina soarelui
....
zonneschijn

nor
....
wolk

ceață
....
mist

umiditate a aerului
....
vochtigheid

fulger

bliksem

tunet

donder

furtună

storm

grindină

hagel

muson

moesson

inundaţie

overstroming

gheaţă

ijs

ianuarie

januari

februarie

februari

martie

maart

aprilie

april

mai

mei

iunie

juni

iulie

juli

august

augustus

an - jaar

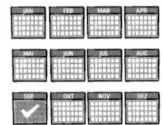

septembrie

september

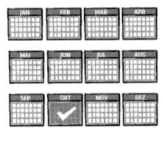

octombrie

oktober

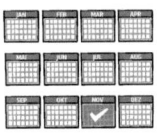

noiembrie

november

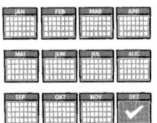

decembrie

december

forme

vormen

cerc

cirkel

pătrat

kwadraat

dreptunghi

rechthoek

triunghi

driehoek

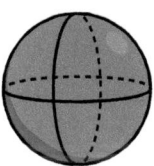

sferă

bol

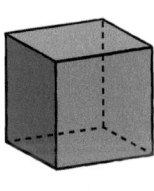

cub

kubus

alb

wit

galben

geel

portocaliu

oranje

roz

roze

roșu

rood

violet

paars

albastru

blauw

verde

groen

maro

bruin

gri

grijs

negru

zwart

mult/puțin

veel / weinig

furios/calm

boos / kalm

frumos/urât

mooi / lelijk

început/sfârșit

begin / einde

mare/mic

groot / klein

luminos/întunecat

licht / donker

frate/soră

broer / zus

curat/murdar

proper / vuil

complet/incomplet

volledig / onvolledig

zi/noapte

dag / nacht

mort/viu

dood / levend

lat/strâmt

breed / smal

comestibil/necomestibil

eetbaar / oneetbaar

rău/prietenos

kwaadaardig / vriendelijk

emoționat/plictisit

opgewonden / verveeld

gras/slab

dik / dun

primul/ultimul

eerst / laatst

prieten/inamic

vriend / vijand

plin/gol

vol / leeg

tare/moale

hard / zacht

greu/ușor

zwaar / licht

foame/sete

honger / dorst

bolnav/sănătos

ziek / gezond

ilegal/legal

illegaal / legaal

inteligent/stupid

intelligent / dom

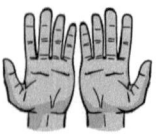

stânga/dreapta

links / rechts

aproape/departe

dichtbij / veraf

nou/uzat

nieuw / gebruikt

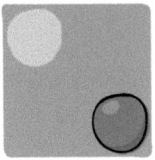

nimic/ceva

niets / iets

bătrân/tânăr

oud / jong

pornit/oprit

aan / uit

deschis/închis

open / dicht

încet/tare

stil / luid

bogat/sărac

rijk / arm

corect/fals

juist / fout

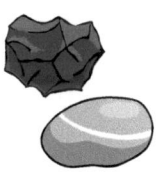

aspru/neted

ruw / glad

trist/fericit

droevig / blij

lung/scurt

kort / lang

încet/repede

traag / snel

ud/uscat

nat / droog

cald/rece

warm / koud

război/pace

oorlog / vrede

0

zero

nul

1

unu

één

2

doi

twee

3

trei

drie

4

patru

vier

5

cinci

vijf

6

șase

zes

7

șapte

zeven

8

opt

acht

9

nouă

negen

10

zece

tien

11

unsprezece

elf

12

douăsprezece

twaalf

13

treisprezece

dertien

14

paisprezece

veertien

15

cincisprezece

vijftien

16

șaisprezece

zestien

17

șaptesprezece

zeventien

18

optsprezece

achtien

19

nouăsprezece

negentien

20

douăzeci

twintig

100

o sută

honderd

1.000

o mie

duizend

1.000.000

un milion

miljoen

engleză

Engels

engleză americană

Amerikaans Engels

chineza mandarină

Chinees (Mandarijn)

hindi

Hindi

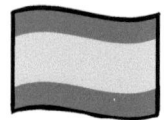

spaniolă

Spaans

franceză

Frans

arabă

Arabisch

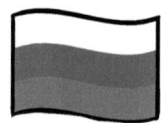

rusă

Russisch

protugheză

Portugees

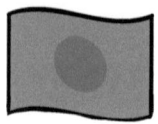

bengaleză

Bengali

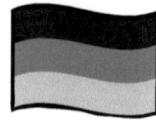

germană

Duits

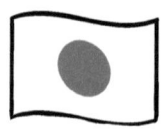

japoneză

Japans

eu

ik

tu

u

el/ea

hij / zij / het

noi

wij

voi

u

ea

ze

cine?

wie?

ce?

wat?

cum?

hoe?

unde?

waar?

când?

wanneer?

nume

naam

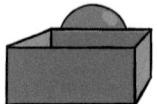

în spate

achter

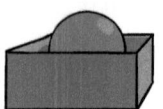

în

in

înainte

voor

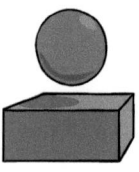

peste

boven

pe

op

sub

onder

lângă

naast

între

tussen

loc

plaats